ARMENIEN

Հայաստան – Hajastan

Patrik Ehnsperg

Mein spezieller Dank für diese Ausgabe gilt der großartigen *Narine Mikaelian*, die uns in Jerewan beherbergt hat, Antworten auf all unsere vielen Fragen wusste, und das wenige das sie nicht wusste, rasch in Erfahrung bringen konnte sowie meiner wunderbaren Frau, *Olga Filipovich*, für die nicht immer einfachen Übersetzungen aus dem und ins Russische.

© Patrik Ehnsperg. Alle Rechte vorbehalten

ISBN-10:1719021929
ISBN-13:9781719021920

Das Erstaunliche zuerst - Armenien liegt nicht in Europa!

Das Gebiet, auf dem sich Armenien befindet wird als Vorderasien bezeichnet. Gemeinsam mit Georgien gehört es aber zu den beiden einzigen *nicht-muslimischen* Ländern der Region und damit sogar zu den beiden ältesten christlichen Staaten der Welt. Mit Ausnahme der kargen, waldlosen Berg- und Felsenlandschaft im Süden Armeniens gibt es wenig, was einem das Gefühl geben könnte, *nicht* in Europa sein. Die Menschen, die christlich geprägte Kultur, die Lebensweise und die westliche Architektur, alles ist europäisch geprägt, wenngleich auch mit starkem post-sowjetischen Flair.

Als früheste Zeitpunkte nationaler Eigenständigkeit gelten die Erhebung des Christentums zur Staatsreligion um 314, und das Jahr 405, als die eigene armenische Schrift eingeführt wurde. Die Größe des Staatsgebietes schwankte über die Jahrhunderte und nur für kurze Zeiträume war es vereint. Das heutige Armenien stellt nur den nordwestlichen Teil des einstigen Gebietes dar. Das vergleichsweise kleine Land, hat weniger Fläche als die zwei österreichischen Bundesländer Ober,- und Niederösterreich zusammen. Es ist ein Binnenland, umgeben vom Iran im Süden, Aserbaidschan (welches aus zwei Teilen besteht) im Osten und Südwesten, der Türkei im Nordwesten und von Georgien im Norden.

Erschwerend kommt dazu, dass die einzige reibungslos fluktuierende Grenze jene zum nördlichen Nachbarn Georgien ist. Zwar ist auch im Süden die Grenze zum Iran passierbar, in der Hauptsache kommen über diese Grenze aber Lkw Züge mit verschiedenen Importgütern ins Land. Die Grenze zum verfeindeten Nachbarland Türkei ist völlig abgeriegelt und jene zu Aserbaidschan, mit dem man sich seit Ende der Sowjetunion offiziell im Kriegszustand befindet, ist nur für Ausländer passierbar, aber selbst dann kommt es häufig zu Störungen und Verzögerungen, man informiert sich am besten ad hoc, wo und unter welchen Voraussetzungen ein Passieren der Grenze zu Aserbaidschan aktuell möglich ist. Hat man einen Einreisestempel des von beiden Ländern beanspruchten Konfliktgebietes Bergkarbach in seinem Reisepass, ist man, gleich wie armenische Staatsbürger, für immer von der Einreise nach Aserbaidschan ausgeschlossen. So verwundert es einen nicht, dass man im ganzen Land so gut wie keine anderen Autokennzeichen zu Gesicht bekommt, als jene mit *AM* für Armenien.

Die Einreise: der einzige nennenswerte Flughafen befindet sich in Jerewan, der Hauptstadt. Ab etwa 200,- Euro bekommt man ein Hin und Rückflugticket von Deutschland oder Österreich aus, meist mit einer Zwischenlandung in Athen, Kiew, oder einer anderen europäischen Hauptstadt. Auch Direktflüge ab ca. 350,- werden angeboten.

Eine Einreise mit dem eigenen Auto ist wegen der großen Entfernung und den Schwierigkeiten an den meisten Grenzübergängen (wie vorher beschrieben) nur für echte Globetrotter ratsam. Die noch einfachste Möglichkeit dafür wäre, das Fahrzeug mit einer Fähre vom ukrainischen Odessa über das Schwarze Meer zum georgischen Hafen Batumi zu transportieren, und von dort nach Armenien einzureisen.

Eine Einreise mit der Eisenbahn ist nur von Georgiens Hauptstadt *Tbilisi* aus möglich, und auch hier verkehren Züge zurzeit nur an jedem zweiten Tag. Ausnahmen gibt es angeblich ab Mitte Juli bis Ende August, aber es ist schwierig, selbst am Bahnhof in Jerewan genaue Auskunft darüber zu bekommen.

Der Hauptbahnhof von Jerewan. Züge verkehren hier nur selten. Seit 2018 verkehrt allerdings 1x täglich von Donnerstag bis Sonntag eine neue Triebwagengarnitur nach Gjumri in Westarmenien.

Jerewan

Mit 1,2 Millionen Einwohnern ist Jerewan die größte und gleichzeitig die Hauptstadt Armeniens. Während der Sowjetzeit machte sie eine große Entwicklung durch.

Unter dem neoklassizistischen Architekten *Alexander Tamanjan* wurde das Stadtbild radikal verändert. Viele historische Gebäude, wie Kirchen, Moscheen, die persische Festung, Bäder, die Karawanserei und Bazare wurden abgerissen. Viele Stadtteile wurden nach alten armenischen Heimatorten des osmanischen Reiches benannt.

Jerewan wurde oft auch die rotbraune Stadt genannt, weil die meisten Gebäude in der Innenstadt aus einem rötlichbraunen Tuffstein errichtet sind, der außerhalb der Hauptstadt in großen Mengen abgebaut wird. Im Zentrum reihen sich Ministerien, öffentliche Gebäude und Hotels aneinander. Einige Gebäude wurden von Oligarchen erworben und für ihre Zwecke umgebaut, was aufgrund mangelnder Transparenz nicht selten für größeren Unmut in der Bevölkerung sorgt.

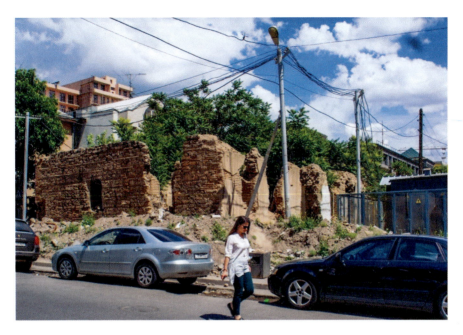

An den wenigen noch vorhandenen Resten des historischen Stadtkerns wird ohne Unterlass genagt, obwohl heute kaum mehr als einzelne Fragmente erhalten sind. Man muss jedoch zugeben, dass sich aber auch neue Bauwerke, welche überall aus dem Boden schießen, oft architektonisch gut in das Stadtbild einfügen. Die Spekulation mit Grund, Boden und Wohnraum ist enorm.

Anziehungspunkt im Zentrum der Stadt, die „*Cascade.*"
Begonnen wurde mit dem Bau in der Sowjetzeit 1971. Fertig gestellt wurde sie 1980 und 2002 – 2009 vom Geld eines armenischen Exilmillionärs stilvoll renoviert. Mittels Rolltreppen begibt man sich durch verschiedene Ausstellungen und zwischen Kunstwerken hindurch bis an die Spitze.

Der Außenbereich der Cascade ist ein einziges Ineinandergreifen des Gesamtkunstwerkes aus Architektur und Wasserspielen.
Vom Plateau bietet sich ein grandioser Ausblick über die ganze Innenstadt.

Aufgang von einer Metrostation hinter dem alten Kunsthandwerks- und Flohmarkt im Stadtzentrum. Mit dem Bau der Metrolinie wurde 1972 begonnen. Als allerdings nach fünf Jahren erst 3,9 km fertiggestellt waren, erging 1977 vom ZK der KPdSU ein Sondererlass zum „Bau der Metro von Jerewan". Mit diesem Erlass wurden Bau- und Tunnelexperten anderer Städte wie Moskau, Minsk oder Tbilisi mit einbezogen. Die Metro Jerewan wurde am 7. März 1981 eröffnet und anschließend nach Süden hin erweitert. Die letzte Haltestelle wurde 1996 in Betrieb genommen. Die Metro besteht aus einer Linie mit einer Länge von 12 km und zehn Haltestellen. Eine Station befindet sich auch gegenüber dem Hauptbahnhof. Am Kunsthandwerks und Flohmarkt lässt sich das eine oder andere Souvenir ergattern.

Das Moskauer Kino im Zentrum, und unweit davon, ein stilvolles Avantgardelokal in einem Hinterhof, mit typisch armenischen Speisen und Getränken.

Abwechslungsreiche Vorstadtatmospähre zwischen Sowjetflair und Moderne bietet sich dem Betrachter auch außerhalb des Zentrums.

Vor allem in den Außenbezirken von Jerewan scheint die Zeit noch vielerorts stillzustehen.
Gasanschlüsse und städtischer Busverkehr, beides in gelber Einheitsfarbe bemalt.

Jerewan Genozid Monument - Der Völkermord an den Armeniern

„*Zizernakaberd*" (armensich Ծիծեռնակաբերդ) ist ein Denkmalkomplex in Jerewan zum Gedenken an die Opfer des Völkermordes an den Armeniern 1915. Er befindet sich auf dem gleichnamigen Hügel im westlichen Teil der Hauptstadt. Alljährlich am 24. April, dem nationalen Gedenktag, versammeln sich am Denkmal Armenier, um der Opfer des Völkermordes zu gedenken.

Ein halbes Jahrhundert lang wurde der Völkermord an den Armeniern 1915 von den sowjetischen Behörden totgeschwiegen. Erst Massenkundgebungen zum 50. Jahrestag des Völkermordes 1965 veranlassten die kommunistischen Behörden zum Errichten einer Gedenkstätte - ohne den Genozid jedoch damit offiziell anzuerkennen.

Zum Bau des Monumentes wurde der Hügel Zizernakaberd, hoch über dem *Hrasdan-Fluss* gewählt, bewusst mit Blick auf den Berg Ararat. Die Bauarbeiten dauerten von 1966 bis 1968. In den 1990er Jahren entstanden das unterirdische Museum und die Gedenkmauer. Der Denkmalkomplex besteht aus drei Elementen: einem 44 Meter hohen Obelisken, zwölf Stelen rings um die ewige Flamme und einer 100 Meter langen Mauer mit den Namen der Städte und Dörfer, in denen die Opfer des Massakers lebten. Im Jahr 1995 wurde das unterirdische Museum des Völkermordes eingeweiht. Nach dem Entwurf der Architekten *Kalaschjan und A. Tarkhanjan* wurde das Gebäude in der Böschung des Hügels eingebaut. Im Museum befindet sich ein Konzertsaal mit 170 Plätzen. In der Parkallee wurden Bäume zum Gedenken an die Opfer gepflanzt.
Auf der Rückseite der Gedenkmauer befinden sich Gedenkplatten für Personen, die sich während und nach dem Völkermord für die Opfer eingesetzt haben.
Der Völkermord an den Armeniern war einer der ersten systematischen Genozide in der Neuzeit und kam während des 1. Weltkrieges unter Verantwortung der Jungtürken zu Stande. Bei brutalen Massakern und gezielten Vertreibungen in die Wüste, den Todesmärschen, in den Jahren 1915 und 1916 kamen je nach Schätzung bis zu 1,5 Millionen Männer, Frauen und Kinder gewaltsam zu Tode. Die Schätzungen zur Zahl der Armenier, die während der Verfolgungen in den Jahrzehnten davor getötet

wurden, gehen bis zu 300.000 Menschen. Die Ereignisse sind durch umfangreiches dokumentarisches Material und Fotografien belegt. Weltweit erkennen die meisten Historiker und zahlreiche Länder diesen Völkermord daher als Tatsache an. Die Armenier sehen in ihm ein ungesühntes Unrecht und fordern seit Jahrzehnten ein angemessenes Gedenken auch in der Türkei. Dagegen bestreitet die türkische Regierung bis heute, dass es sich um einen Völkermord gehandelt habe. Für die meisten Armenier bedeutet diese offene Lüge eine provokante Feigheit und den Beweis dafür, dass viele Türken heute noch bereit wären das Abschlachten zu wiederholen. Eine Aussöhnung der beiden Länder ist also noch hundert Jahre danach in weiter Ferne.

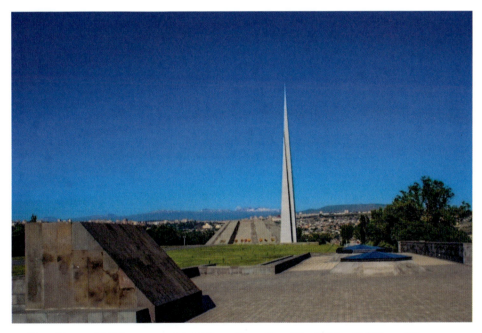

Das Genozid-Monument ist über die ganze Stadt hin sichtbar. Man erreicht es mit den Bussen Nr. 28 und 35 und steigt bei der großen Konzerthalle aus. Rechts hinter dieser, als Schwalbennest bezeichneten Halle, erreicht man den Eingang zum Genozid-Center.

Auch während der Zeit, als kommunistische Bürokraten das Stadtbild planten, gab es Raum für optisch ansprechende und sogar progressive Architektur

Geschäfts und Einkaufsstraßen finden sich nur in der Innenstadt und für wohlhabenderes Publikum. Die Durchschnitts-Armenier leisten sich ihre Waren des täglichen Bedarfs in kleinen Läden oder auf Straßenmärkten, wie sie in fast jedem Viertel zu finden sind.

Für junge Menschen bietet Jerewan viel kreatives Potenzial und - wenn auch eingeschränkt – Möglichkeiten dieses zu gestalten.

Ein Besuch in der Amiryanstr. Nr. 4/6, im kaukasischen Restaurant *Baklachoff*, (www.koska.am) dessen Figuren vor dem Eingang und im rustikalen Lokal selbst auf eine berühmte Filmkomödie aus der Sowjetzeit hinweisen, die einst im Kaukasus gedreht wurde und wo typisch armenische Gerichte zu erfreulichen Preisen angeboten werden. Ebenso gehört zu einem Jerewan-Programm ein Besuch bei einem der guten und für westeuropäische Verhältnisse angenehm preiswerten Friseursalons in der Innenstadt, wie hier in der Amiryanstraße.

Der ehemals moderne Vorzeige-Busbahnhof „Kilikia" an der Admiral Isakov-Avenue, unweit des „Genozide–Memorial-Center" ist eines der Paradebeispiele für Misswirtschaft und Desorganisation. Heute steht das Gebäude fast leer, und verfällt langsam vor sich hin. Ein einziger Schalter ist zeitweise noch besetzt, an dem man aber lediglich Tickets für Marschrutkas in die nähere Umgebung erhält. Fahrkarten darüber hinaus oder selbst einfache Auskünfte sucht man hier vergeblich. Der gesamte öffentliche Verkehr in Armenien ist heute ein Trauerspiel. Gab es zu Sowjetzeiten noch bestens ausgebaute Eisenbahnlinien in alle Richtungen, so ist heute das Netz fast völlig zusammengebrochen und kaum mehr nennenswert. Selbst das einst gut funktionierende Straßenbahnsystem in der Hauptstadt wurde aufgegeben und die Schienen samt den Fahrzeugen an Schrotthändler verscherbelt. Größere Autobusse sind selten und dann oft völlig veraltet. Das Hauptverkehrsmittel sind die Marschrutkas, eine Art Sammeltaxi in Minibusformat, welche zwar eigentlich fixe Abfahrtszeiten haben, aber in der Realität erst losfahren wenn genügend Fahrgäste beisammen sind. Sie bieten zwar den Vorteil, dass man durch winken an jeder beliebigen Stelle, sogar auf der Autobahn, zusteigen kann, oft sind die Fahrzeuge aber bereits nach der Abfahrt hoffnungslos überfüllt und bleiben daher für Fahrgäste, welche unterwegs einsteigen wollen gar nicht erst stehen. Diese wissen dann auch nicht wann die nächste Marschrutka vorbeikommt und ob in dieser dann vielleicht Platz sein wird. Das Hoffnungslose dabei ist, dass die gesamte junge Generation nach der Wende geboren wurde und überhaupt nichts anderes kennen gelernt hat, als diese traurigen *Reste* eines ehemals gut funktionierenden *öffentlichen* Verkehrsnetzes. Daher wird sie auch schwer in der Lage sein, ein solches (für sie utopisches) zu fordern, und für lange Zeit sind keine Veränderung in Sicht. Ohne Druck von unten sind die Politiker nicht bereit von sich aus Verbesserungen herbeizuführen. Viele Armenier, die sich zwar kein eigenes Fahrzeug leisten können, aber auf diese unsicheren und oft überfüllten Verkehrsmittel nicht zurückgreifen wollen, legen ihre Wege daher mit einem der unzähligen offiziellen oder privaten Taxis in der Stadt oder oft sogar auch außerhalb zurück. Diese sind zwar um einiges teurer als die öffentlichen Verkehrsmittel aber im Vergleich zu Westeuropa doch sehr billig. Man kann für z.B. 2 Stunden Taxifahrt inklusive Wartezeit auf die Retourfahrt, mit 15,- bis 20,- Euro rechnen. Fast alle Stadtbewohner haben die Telefonnummer von einem oder zwei (meist privaten) Stammtaxifahrern, welche ihre Fahrgäste für 1-3 Euro schwarz und ohne Taxameter durch die Stadt kutschieren. Als Fremder sollte aber man unbedingt nur in jene Taxis einsteigen, welche durch Aufkleber auf den Türen deutlich als solche gekennzeichnet sind, und dann auf das Einschalten des Tachometers bestehen, obwohl der Fahrer oft mit allen möglichen Ausreden das Einschalten dieser verhindern will. Notfalls muss man wieder aussteigen sich ein Anderes suchen, da ansonsten unter Garantie ein Vielfaches des üblichen Fahrpreises verlangt wird. Taxifahrer sowie Souvenir und Teppichhändler zählen bekanntermaßen zu den aufdringlichsten und unverschämtesten Figuren eines jeden Landes.

Etschmiadsin

Wie fast überall im Land, scheint auch hier, in der religiösen Hauptstadt, im September 1991 die Zeit zum Stillstand gekommen zu sein. Nur noch Fassaden einst stolzer Fabriksgebäude samt ihren Verwaltungs und Entwicklungszentren zeugen heute von der einstigen Glanzzeit für viele Armenier. Im Kommunismus, mit seinen gesicherten Arbeitsplätzen, sozialer Grundversorgung, gesicherten

Pensionen und vielerlei produzierter Waren allerorts herrschte Hochbetrieb, während einem heute nur eingeschlagene Scheiben, verbarrikadierte Tore und durch die Decken wachsende Baumstämme in verlassenen Hallen, oder die vergessenen Denkmäler einstiger Helden, die ganze Dramatik einer nie geschafften wirtschaftlichen Transformation mit brutaler Deutlichkeit vor Augen führen.

Bus nach Etschmiadsin, einer Kleinstadt 20 km westlich von Jerewan, dem religiösen Zentrum Armeniens. Fahrpreis: ca. 1 Euro

Eine Rentnerin kehrt mit ihren spärlichen Einkäufen in der Hauptstadt mit dem Bus zurück nach Hause.

Der Hauptplatz von Etschmiadsin ist noch im typischen Sowjetstil der Siebzigerjahre erhalten. Kaum etwas zeugt mehr davon, dass Etschmiadsin vom 2. bis zum 4. Jahrhundert die Hauptstadt Armeniens gewesen ist. Immer wieder fühlt man sich in Armenien wie auf einer Zeitreise, plötzlich ins Westeuropa der 60er und 70er Jahre versetzt.

Ein altes Riesenrad aus besseren Zeiten ragt wie ein Mahnmal neben den Blöcken einer typischen Vorstadt-Plattenbausiedlung, zwischen Jerewan und Etschmiadsin, hervor.

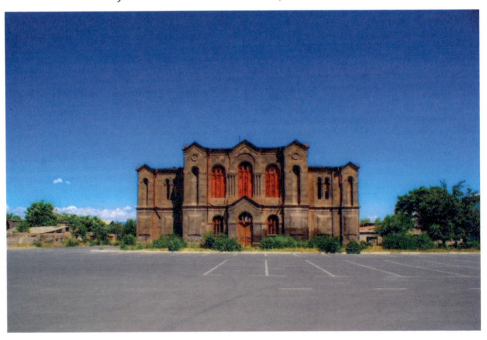

Der Vorplatz der Kathedrale von Edschmiadsin mit seinem dahinterliegendem Gräberfeld.

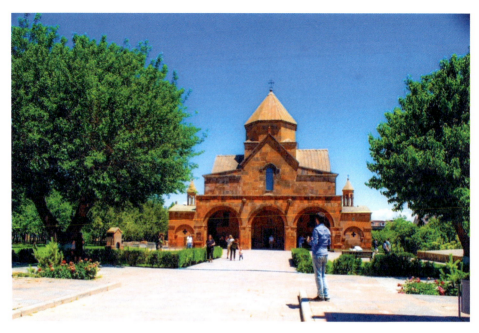

Die *St. Gajane* Kirche hinter der Kathedrale zählt heute zum
UNESCO-Weltkulturerbe.
Eine junge Frau in orthodoxer Tracht hält eine Rast, als Mitglied des
Kirchenchores nach einer wunderbaren Gesangsvorstellung.

Herrlich gestaltete Fresken schmücken die ganze Kirche von St. Gajane

Heute ist Etschmiadsin der Sitz des *Katholikos der Armenier*, des geistlichen Oberhauptes der armenisch apostolischen Kirche. Die Stadt besitzt drei bekannte Kirchen, die *Kathedrale* von Etschmiadsin, *St. Gajane* und *St. Hripsine* sowie und zwei andere Kirchen, *Schoghakat* und im Zentrum, hinter dem Hauptplatz die kleine unscheinbare Muttergotteskirche aus dem 19. Jahrhundert. Die Kirchen gelten als wichtiges Beispiel für die frühe armenische Kirchenbaukunst. Die Kathedrale soll die erste Kreuzkuppelkirche sein und geht auf einen Ursprungsbau von 485 zurück. Auf Grund von Erdbeben und feindlichen Angriffen musste die Kirche jedoch immer wieder neu errichtet und, (eher geschmacklos), renoviert werden und wirkt im Vergleich zur dahinter liegenden *St. Gajane* Kirche kühl und glanzlos. Die im 7. Jahrhundert errichtete St. Gajane-Kirche ist als UNESCO Weltkulturerbe gelistet und liegt nur wenige hundert Meter hinter der Kathedrale von Etschmiadsin. Die St. Gajane-Kirche wurde 630 bis 634 von Katholikos Esra I. erbaut.

Trotz Renovierungsarbeiten nach einem Einsturz des Kirchendachs 1653, bei dem die Kuppel unbeschädigt blieb, ist ihre Struktur bis heute unverändert. Die St. Gajane-Kirche wurde am Ort des Martyriums von Gajane errichtet, einer Äbtissin und Lehrerin, einer Verwandten des römischen *Kaisers Claudius*. Sie floh vor dem sie begehrenden *Kaiser Diokletian* mit 70 Jungfrauen aus einem römischen Kloster. Dort wurde der armenische *König Trdat III.* auf sie aufmerksam, doch sie wollte nicht seine Frau werden sondern Nonne bleiben, weshalb er sie, sowie 38 der aus Rom geflohenen Jungfrauen enthaupten ließ. Später konvertierte der König zum Christentum und machte es zur Staatsreligion.

Der Tempel von Garni

Um zum Tempel von *Garni* und zum Kloster *Geghard* zu gelangen nimmt man den Bus Nr.28 bis zur Samvel-Safaryanstraße/ Gai Avenue. Von dort benötigen die halbstündlich abfahrenden Marschrutkas für 4,- Euro ca. 35 Minuten bis ins Dorf Garni.

Um von Garni zum 10km entfernten, auf einer Anhöhe gelegenen Kloster Geghard zu gelangen, nimmt man ein Taxi und zahlt je nach Verhandlungsgeschick zwischen 10,- und 20,- Euro für die Fahrt (Incl. 1-2 stündiger Wartezeit des Taxis vor dem Kloster.)

Die Landschaft um die Tempelanlage ist atemberaubend und die Hügel breiten sich wie riesige Polster vor dem ewigen Berg Ararat im fernen (türkischen) Hintergrund aus.

Die Ausgrabungen an der Tempelanlage haben sechs verschiedene Schichten von Besiedelung zu Tage befördert. Die ältesten stammen aus der Jungsteinzeit, Teile aus der Bronze- und Eisenzeit sowie drei mittelalterliche Schichten. Der Befestigungsring ist aus großen Basaltblöcken gebaut die bis zu sechs Tonnen wiegen. Die Reste der Ringmauern offenbaren einige rechteckige Türme, von denen zwei an das antike Eingangstor angeschlossen sind. Die Hauptattraktion, der Tempel befindet sich auf einem Hügel, er wurde 1910 ausgegraben. Es wird vermutet, dass der Tempel mit Geld von Kaiser Nero aus Rom errichtet wurde. Im Jahr 1679 wurde er durch ein Erdbeben zerstört, große Teile der originalen Bausubstanz verblieben aber bis zum 20. Jhdt. an Ort und Stelle, was einen Wiederaufbau des Gebäudes in den 70er Jahren möglich machte. Dieser wurde jedoch stümperhaft durchgeführt und der ganze Palast macht heute den Eindruck einer schlecht nachgebauten Konstruktion. Nach der Bekehrung Armeniens zum Christentum wurden einige Kirchen sowie der Palast eines Katholikos innerhalb der Befestigungen gebaut. Diese liegen heute allerdings auch in Ruinen. In der Nähe befindet sich ein ebenfalls ausgegrabenes römisches Badehaus mit Mosaiken.

Wild romantische Schluchten prägen diesen Teil Armeniens, gerade so als hätte vor Urzeiten eine gewaltige, überirdische Kraft die ganze Landschaft auseinandergerissen.
Die meisten Hunde laufen im ganzen Land frei herum, sind aber ausnahmslos zutraulich und freundlich. Sie freuen sich über jeden Happen der für sie abfällt.

Das Kloster Geghard

Wie die Kirche von St. Gajane, gehört auch das Kloster Geghard zum UNESCO Weltkulturerbe und gleichzeitig zu den bedeutendsten Zeugnissen apostolisch armenischer Baukunst.

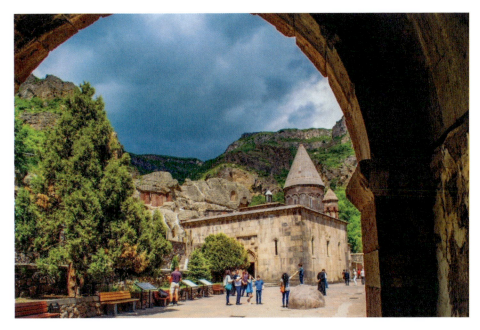

Das Kloster wurde im vierten Jahrhundert über einer heidnischen Quelle errichtet, im neunten Jahrhundert von den anfallenden Arabern zerstört und dreihundert Jahre später wieder aufgebaut. Besonders eindrucksvoll sind die teilweise direkt in den Fels geschlagenen Räume und Höhlen.

Archaisch mutet das karge Innere mit ihrer fast imposanten Einfachheit als architektonische Meisterleistung an.
Ein Schluck aus der urzeitlichen Quelle soll allerlei Leiden mildern, sofern man daran glaubt.

Die kleine Quelle, über der das Kloster einst errichtet wurde, fließt direkt aus den dahinterliegenden gewaltigen Felsen durch einen kleinen, höhlenartigen Raum in das Kloster Sie verlässt es wieder durch eine in den steinernen Boden gemeißelte Rinne auf der Rückseite.

Chatschkare (armenisch խաչքար,) übersetzt „Kreuzstein", sind in der Tradition der armenischen Kirche kunstvoll behauene Gedenksteine mit einem Reliefkreuz in der Mitte, das von geometrischen Motiven umgeben ist. Die aufrecht stehenden, rechteckigen und bis zu 3 m hohen Steinplatten sollen an Ereignisse, wie die Errichtung von Klöstern, Brunnen, Brücken oder Siege erinnern, und stellen eines der zentralen kulturellen Symbole der Armenier dar. Die ältesten Exemplare stammen aus dem 9. Jhdt. Anzutreffen sind Originale aber bis Ende des 18. Jhdt.

Am Aufgang zum Kloster bieten Hausfrauen köstliche selbstgemachte Leckereien aus getrockneten Früchten, Souvenirs und religiöse Devotionalien an. Am effizientesten funktioniert persönliche Wirtschaftshilfe in diesem kleinen Rahmen, wenn man wie hier, direkt bei der örtlichen Bevölkerung kauft. Dann kommt das Geld ohne Reibungsverluste an, fördert gleichzeitig den regionalen Wirtschaftskreislauf schafft kleine Arbeitsplätze vor Ort und macht gute Stimmung.

Das südliche Armenien

Weithin sichtbar im gesamten Süden Armeniens und sogar bis Jerewan, der Berg Ararat, auf dem, der biblischen Sage zufolge die Arche Noah nach der Sintflut gelandet sein soll. Nationalsymbol und gleichzeitig Trauma des Landes.

Auch wenn der Ararat *heute* in der Türkei liegt, ist er noch immer das Nationalsymbol der Armenier, welche einst bis in den Osten der Türkei, bis zum türkischen *Völkermord* an der armenischen Bevölkerung 1915, ihren Siedlungsraum hatten. Die Türkei protestierte dagegen mit dem Hinweis, dass der Berg heute auf türkischem Territorium liege und deshalb nicht von Armenien oder der (damaligen) Sowjetunion vereinnahmt werden dürfe. Der populäre sowjetische Außenminister *Gromyko* (im Westen bekannt unter dem Namen *„Mister Njet"*) konterte mit dem Hinweis, dass im Gegensatz dazu die Türkei immerhin den Mond als eine *Mondsichel* in der türkischen Fahne führe, obwohl weder der Mond, noch ein Teil davon (!) zur Türkei gehöre.

Die Fahrt von Jerewan (Busbahnhof *„Kilikia"* an der *Admiral Isakov-Avenue*) bis in die südliche Kreisstadt Sissian dauert circa dreieinhalb Stunden. Für einen Platz in einer Marschrutka sind dafür etwa 8.- Euro zu bezahlen. Man sollte grundsätzlich bei weiteren Strecken eine Stunde vorher am Abfahrtsplatz sein, um sicher zu einem Ticket zu kommen, Reservierungen sind nicht möglich, man kann unter Umständen die Telefonnummer des

Fahrers einen Tag zuvor erfragen und persönlich um eine Reservierung bitten lassen (z.B. durch den Unterkunftgeber) was dann auch funktioniert und dann sogar meist ein Spezialplatz vorne freigehalten wird. Der Süden Armeniens ist heute nur mehr per Marschrutka oder PKW zu erreichen. Eisenbahnverbindung existiert keine mehr. Die Fahrer weisen einen während der Fahrt auf unauffällige Stützpunkte der armenischen Streitkräfte im Gelände hin. Immer wieder kommt es zu kleineren Gefechten in der Grenzregion zu Bergkarabach und Aserbeidschan. Dass dabei in den letzten Jahren Touristen zu Schaden gekommen wären, ist uns aber nicht bekannt.

Kahle, baumlose, gebirgige und menschenleere Landschaften prägen den Süden Armeniens. Nördlich der Hauptstadt Jerewan ändert sich die Landschaft schlagartig.

Hin und wieder wurden, die in der Sowjetzeit berühmten Plattenbausiedlungen, so genannte *Chruschtschowkas*, auch in den Kleinstädten Armeniens errichtet und bilden heute meist eine Einheit mit den Industrieruinen in der näheren Umgebung

Speziell in den ländlichen Regionen beschränkt sich das Leben heute auf das Einfachste und Fahrzeuge aus der Sowjetzeit prägen das Straßenbild. Als hätte eine überirdische Macht im Jahr 1991 alle Schalter im Land abgedreht, so stehen allerorts verrostete landwirtschaftliche Geräte, verfallene Industriekonglomerate, wie versteinerte Zeitzeugen, seit fast dreißig Jahren regungslos in der Landschaft.

Über hochgelegene Pässe windet sich die Fernstraße in den Süden.
Wo sich die Menschen zurückgezogen haben, kommt die Natur wieder
zu ihrem Recht, unberührte Landschaften und herrliche Naturgebiete
bietet der Süden Armeniens heute im Übermaß.

Immer wieder begegnet man kleineren oder größeren Viehherden entlang der Südroute. Wie einst im wilden Westen, werden diese von Cowboys mit grimmigen Gesichtern von Weide zu Weide getrieben. Zieht man aber die ganzen, weiten und brach liegenden Steppen und Graslandschaften in Betracht, ist die Anzahl der darauf weidenden Tiere jedoch verschwindend gering.

Sissian

Ein guter Ausgangspunkt zum Übernachten und für Tagesreisen in die Umgebung ist *Sissian*. Die Kleinstadt mit etwa 16.000 Einwohnern liegt ca. 170 km vor der iranischen Grenze, aber lediglich 70 km von Bergkarabach entfernt.

Die original erhaltene Einfahrt zur *Pigfarm*, wie das Ressort von den Einheimischen noch immer genannt wird.

Als eine gute Übernachtungsmöglichkeit empfiehlt sich eine, originell zu einem Gästehaus umgebaute ehemalige Schweine-Kolchose aus der Sowjetzeit, das „*Azoyan-Ressort*", etwa vier Kilometer vor Sissian. Auf der Anlage befindet sich auch ein Extragebäude für gehobenere Ansprüche mit eigenem Bar- und Aufenthaltsraum) Der Besitzer ist der Sohn eines ehemals einflussreichen Generals der Roten Armee, und verbringt seine Zeit in den letzten Jahren damit, die ehemaligen Ställe stilvoll zu renovieren und daraus Unterkünfte, Aufenthalts und Speiseräume Zimmerpreis: ab 22,- pro Übernachtung und Zimmer. zu gestalten. (Tel: 0037410566649 oder www.azoyanguesthouse.am

Zorakarer – Armeniens Stonehenge.

Auf einem jener, der *Pigfarm* gegenüberliegenden und zu Fuß in 20 Minuten erreichbaren Hügel, befindet sich Armeniens „Stonehenge". Ein urzeitliches Observatorium samt Gräberfeld und den Resten einer bronzezeitlichen Siedlung: „*Zorakarer*".

Auf dem insgesamt etwa 7 ha großen Gelände befinden sich ca. 30 zum Teil sehr große Kammergräber sowie Mauerreste einer Siedlung welche durch eine Reihe, aus ca. 150 aufrecht stehenden

Felsbrocken (Megalithe) begrenzt ist. Insgesamt befinden sich dort 223 solcher Steine in verschiedenen Formationen. Etwa 40 von ihnen bilden einen Kreis um das zentrale Steinkammergrab des Orts. Sie bestehen aus Basalt, haben eine Höhe von 2-3 m und ein geschätztes Gewicht von bis zu 10 Tonnen (!). Das Gräberfeld von Zorakarer wurde schon vor langer Zeit ausgeraubt. Deshalb fehlen heute bei den meisten Gräbern die Decksteine. Auch das zentrale Steinkammergrab wurde ausgeraubt, behielt aber fast alle seine Decksteine. Die 5 unangetastet gebliebenen Gräber aus der frühen Eisenzeit wurden in den 80er Jahren von Archäologen ausgegraben. Sie fanden in ihnen Grabbeigaben, wie Tongefäße und Halsketten, oder Ohrringe und Dolche sowie und Pfeilspitzen aus Bronze. Im Historischen Museum in Sissian ist ein Teil dieser Grabbeigaben ausgestellt.

So genannte „Lochsteine", wie sie in zahlreichen, frühzeitlichen Kulturen auf der ganzen Welt zu finden sind, geben Anlass zur Vermutung, dass es sich hierbei um ein Observatorium zur Beobachtung der Gestirne, oder wie manche Menschen gar meinen, zur (esoterischen) Verständigung der Urvölker untereinander, handelte.

Auch die Wissenschaftler sind sich uneinig über Sinn und Zweck dieser Anlage. Ausblick durch Lochsteine in die Dämmerung.

Wie in einem Bilderbuch liegen unberührte Naturlandschaften mit Blumenwiesen, Bächen und Mäandern vor dem Wanderer ausgebreitet. Sogar der hingeworfene, rostige Bachübergang passt in dieses Bild. Auch hier eignet sich die „Pigfarm" wieder als Ausgangspunkt für eine gute Wanderung rund um Sissian.

In Richtung Westen kommt man entlang des Baches bald zu einer Schleuse wo man den dort beschäftigten Schleusenwärter um Auskünfte zur näheren Umgebung und zu guten Wegen befragen kann. Nach zwei Kilometern kann man bereits das Rauschen eines gewaltigen Wasserfalls vernehmen.

Nachdem etwas mühsamen Abstieg seitlich des Wasserfalls gelangt man nach einem weiteren Kilometer über eine kleine Brücke wieder zurück auf die andere Seite des kleinen aber reißenden Flusses, und steht nach kurzer Zeit vor einem altertümlichen, aber sich noch in Betrieb befindlichem Kraftwerk.

Über eine Schotterpiste zwischen Hügeln mit blühenden Sträuchern, Tümpeln und weiten Blumenwiesen führt der Weg zur Stadt.

Entlang der Feuchtwiesen des kleinen Flusses, mit seinen zahlreichen Mäandern und Teichen ist schon von weitem das monotone Konzert der großen, grünen Frösche zu vernehmen, die sich zu Hunderten in den naturbelassenen Gewässern herumtreiben.

Die ehemalige Industriestadt *Sissian* muss man nicht gesehen haben um zu sterben. Sie gleicht heute eher einer Geisterstadt und viele der Gebäude sind desolat, stehen leer oder sind dem Verfall preisgegeben, wie dieses ehemalige „Brotmuseum"(!), welches die Stadt zu Sowjetzeiten seinen Bewohnern immerhin geboten hatte.

Außer einigen kleinen Läden für den nötigsten Bedarf des täglichen Lebens, wird man in der Stadt wenig finden. Viele der einst zahlreichen Firmen und Geschäfte haben ihre Tore längst geschlossen, es mangelt den Bewohnern an Geld für Einkäufe, was naturgemäß zu Arbeitslosigkeit und einem weiteren sinken Kaufkraft geführt hat. Ein Teufelskreis, welcher bis auf wenige Ausnahmen, so gut wie alle Mitgliedsstaaten des ehemaligen Sowjetreiches in eine Spirale nach unten gezogen hat. Das einzige derzeit noch geöffnete Speiserestaurant ist außer zu festlichen Anlässen meist ebenso spärlich besucht wie das angeschlossene Hotel, in dem zu besseren Zeiten sogar größere Konferenzen zur Industrialisierung Armeniens abgehalten wurden.

Der ehemalige türkische Name der Stadt Sissian bedeutet
Schwarze Kirche.
Die Kirche selbst hat zwar für Armenien nichts außergewöhnliches zu bieten, umso spektakulärer ist aber der Ausblick vom kleinen Hügel am Ende der Stadt, auf der sich diese befindet.

Das Höhenkloster Tatev

Tatew ist ein im Jahr 895 gegründetes armenisch apostolisches Kloster und eines der bedeutendsten Architekturdenkmäler des Landes. Es wurde im 9. Jahrhundert am Ort eines alten Heiligtums erbaut und war ein großes intellektuelles Zentrum von Armenien und zwischen 1390 und 1453 auch eine anerkannte Universität. Tatew war das politische Zentrum des Fürstentums Sjunik und der Sitz des Erzbischofs von Sjunik. Im 10. Jahrhundert hatte Tatew eine Bevölkerung von 1000 Menschen und kontrollierte zahlreiche Dörfer. Wie viele armenische Klöster des Mittelalters wurde Tatew mit einer Mauer zur Abwehr der Invasionen umfasst. Das Kloster wurde während der Sowjetzeit ab 1920 aufgelassen, aber seit 1991 besteht wieder kirchlicher Betrieb.

Ein Erdbeben verursachte 1931 beträchtliche Zerstörung. Die erhalten gebliebenen Teile des Klosters ermöglichen es jedoch, die künstlerische Bedeutung des Komplexes zu beurteilen. Die Restaurierung ist noch immer im Gange Das Klostergelände umfasst drei Kirchen. Das Hauptdenkmal ist die Apostelkirche, erbaut zwischen 895 und 906. Es ist in der Art der gewölbten

Basiliken des 7. Jahrhunderts erbaut. Viele Charakteristiken geben Anlass, die Kirche als ein Zwischenglied hin zur Entwicklung der Kuppelhalle in einen Kuppelbau mit Querflügeln anzusehen, der später weite Verbreitung in Armenien fand. An der östlichen Fassade gibt es zwei tiefe Dreiecksnischen, ähnlich wie Fenster gekrönt und gerade mit dünnen verzierten Rändern. Vier von ihnen wurden mit Darstellungen menschlicher Gesichter verziert, die mit Schlangen mit hervorstehenden Stacheln verziert sind. Die Armenier glaubten, dass Schlangen ihre Häuser beschützen würden. Die einzige Ausnahme ist an der nördlichen Fassade, in der der Bildhauer offensichtlich versuchte bestimmte Personen zu porträtieren.

Durch die beeindruckende Worotan-Schlucht geht es steil bergan zum Höhenkloster Tatev.

Seit 2010 können Besucher das Höhenkloster um 5,- Euro in elf Minuten mit einer Seilbahn über die Worotan-Schlucht - vom Ort Halidsor aus erreichen. Sie ist mit 5750 Metern die längste, in einer Sektion und mit einem durchgehenden Tragseil ausgeführte Pendelbahn der Welt!

Die Anfahrt zum Kloster, das sich etwa 70 km südlich von Sisian befindet, führt bald ab der Ortschaft Halidsor, von wo es auch die Möglichkeit umsteigen auf die Seilbahn gibt, über eine Schotterpiste auf extrem steilen Serpentinen den Berg hinauf, was, ebenso wie die Schwindel erregend hohe Seilbahn darüber nichts für schwache Nerven ist.

Etwa auf halbem Weg den Berg hinauf überquert man eine Brücke nach welcher sich ein kleiner Parkplatz befindet. Steigt man von dort aus zu Fuß die steinernen Treppen hinab, erreicht man, vorbei an den bergragenden Tropfsteinsäulen eine heiße Quelle dessen Wasser in einem steinernen Becken gesammelt wird. Hat man Lust, kann man darin sogar ein Bad nehmen. Woher das heiße Wasser eigentlich kommt ist unklar.

Die strategisch vorteilhafte Position auf einem Bergvorsprung, begrenzt durch eine tiefe Flussschlucht mit steilem, felsigen Hang begünstigte die Errichtung dieses mächtigen Verteidigungskomplexes an dieser Stelle.

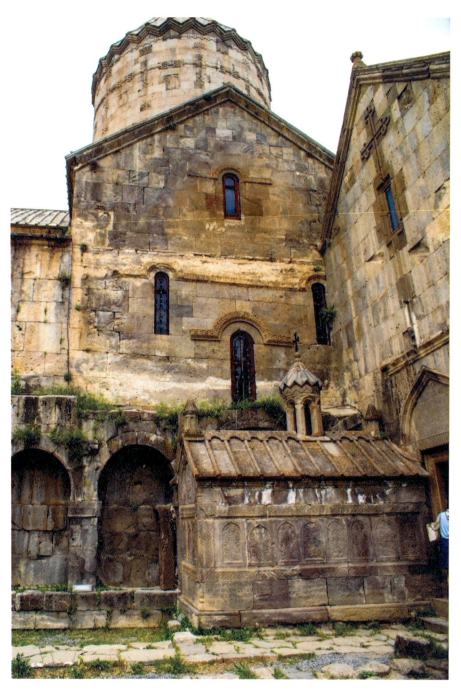

Die Fassaden der Kirche sind einfach und frei von überflüssiger Ausschmückung.

Trotzdem die Landschaften endlos und weit erscheinen, bieten sich dem aufmerksamen Betrachter doch immer wieder spannende Details aus vergangenen Zeiten.

Grasbewachsene Hügel breiten sich wie Pyramiden oder wie grüne Polster über die Landschaften im Südosten Armeniens aus.

Chndsoresk (armenisch Խնձորեսկ)

Fährt man die Fernstraße von Sissian in Richtung Osten, vorbei an der kleinen, ehemaligen Industriestadt Goris, wandelt sich das saftige Grün der polsterförmigen Erhebungen allmählich in eine schroffer werdende, aus rötlichem Fels bestehende Landschaft. Nach etwa 10 km biegt man von der Fernstraße nach Bergkarbach, (dessen Grenze von hier aus nur mehr wenige Kilometer entfernt ist) rechts in eine Landstraße, welche sich nach der Durchfahrt, durch das kleine gleichnamige Dorf, bald zu einem unbefestigten Feldweg verengt. Kurz darauf, auf der linken Seite sind die bizarren Felsen von Chndsoresk zu sehen. Die Straße und der Weg sind nicht beschildert. Die Gegend um Chndsoresk war bereits in der Bronze und Eisenzeit besiedelt.

Langsam wird die Straße zum schmalen Feldweg hinunter in die Schlucht. Auf deren anderer Seite befindet sich die verlassene historische Felsenstadt *Alt-Chndsoresk*.

Ab dem 5. Jahrhundert begannen die frühen Christen hier Höhlen als Wohnstätten anzulegen. Viele der rund 1800 Höhlen und einige freistehende Gebäude waren tatsächlich bis in die 1970er(!) Jahre bewohnt. Vor dem Abgang befindet sich ein Parkplatz mit einigen

Souvenirständen und einem kleinen Lokal. Von dort steigt man über eine lange, steile Holztreppe bis zur Mitte der Schlucht hinab und überquert auf einer im Jahr 2012 errichteten, 160 Meter langen Fußgänger-Hängebrücke, einen tief in die Schlucht eingeschnittenen, reißenden Bach. Die Brücke wurde von einem armenischen Geschäftsmann, welcher in Moskau zu einem Vermögen gekommen war, als Dank und Erinnerung an seine Heimat finanziert worden. Dieser trägt auch die laufenden Kosten für die Instandhaltung der Anlage und der Eintritt ist daher frei. Es war als Tourismusmagnet geplant, um das Tal als Ausflugsziel zu etablieren, ist bis heute aber eher ein Geheimtipp geblieben, was dem Ganzen zusätzlich ein besonderes Flair verleiht. Bevor man die Brücke betritt, ist man aufgefordert, ein kleines Museum welches hier in einer Felsenhöhle eingerichtet ist, zu besuchen. Der Eintritt und die Führung sind gratis, man hofft aber auf eine kleine Spende.

Der Zugang zur Höhlenanlage führt über eine Hölzerne Treppe hinab bis zu einer Hängebrücke, welche die Schlucht in immer noch großer Höhe überspannt.

In einem kleinen Museum vor der Brücke sieht man Einrichtungs- und Gebrauchsgegenstände die in Höhlendorf selbst hergestellt wurden. In gemauerten Ausnehmungen unter dem Erdboden wurde der selbst gekelterte Wein gelagert. Der freundliche Museumsleiter hatte selbst noch die frühe Kindheit, bis zu seinem dritten Lebensjahr, bei seiner Familie in einer der Höhlen auf der anderen Seite der Schlucht erlebt.

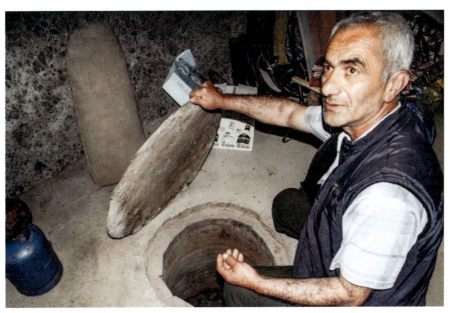

Bei genauer Betrachtung der alten Fotografie erkennt man in der Mitte die Hausfrau, welche über eine Art Strickleiter über den Felsen zur Vorratshöhle empor klettert.

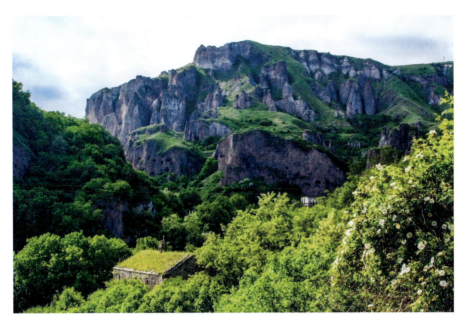

Ende des 19. Jahrhunderts lag die Einwohnerzahl bei 4200, Anfang des 20. Jahrhunderts bei 8300. Im Jahr 1913 lebten noch rund 3000 Familien in den Höhlenwohnungen. Es gab Kirchen und Schulen für die Kinder der Höhlenbewohner. Die größte Kirche, Hripsime, wurde als dreischiffige Basilika 1665 über älteren Vorläufern errichtet. Die datierte Hausinschrift befindet sich über dem heute zugemauerten Westeingang.

Vor dem Eingang zur Hripsimekirche sind erstaunliche Skulpturen auf die in die Erde eingebetteten Grabsteine geritzt. Die Kirche ist heute noch vollständig erhalten, wird aber nicht gepflegt und in ihrem Inneren gibt es bereits eingestürzte Teile.

Über einen verwachsenen Pfad hinter der Kirche kommt man zu einem recht gut erhaltenen Gebäude, welches von einem Paar, das in einer provisorisch gezimmerten Behausung davor lebt, betreut - und von einem freundlichen Esel vor dem Eingang - bewacht wird.

Zum Kloster Noravank

Auf dem Weg vom Süden zurück in die Hauptstadt sollte man es keinesfalls versäumen einen Abstecher zu einem der interessantesten Klöster Armeniens, nach *Noravank*, zu machen. Man verlässt die Marschrutka in der kleinen Stadt Jeghegnadsor, etwa 80 km vor Jerewan. Von dort nimmt man sich eines der bereitstehenden Taxis und lässt sich durch verlassene, wild romantische Schluchten ins Gebirge zu dem eindrucksvollen Kloster aus dem 13. Jhdt. transportieren, welches sich auch auf der Liste des UNESCO Weltkulturerbes befindet. Von Jeghegnadsor aus gibt es auch ein oder zweimal am Tag einen Linienbus hinauf zum Kloster.

Ein besonderes Merkmal des Klosters ist die Fassade der zweigeschossigen, 1339 vollendeten Mausoleumskirche. Zentrum des Komplexes ist das älteste noch erhaltene Bauwerk, die in der ersten Hälfte des 13. Jahrhunderts errichtete neue Täuferkirche, die nördlich der Überreste der bei einem Erdbeben zerstörten Alten Täuferkirche errichtet wurde. Ein erster Bau auf dem Gelände wurde im 9./10. Jahrhundert errichtet. Nach Zerstörung durch ein Erdbeben wurde der Komplex im 12. Jahrhundert erneuert. Im 13. und 14. Jahrhundert wurde das Kloster erweitert und es beheimatet seitdem die noch bis ins 19. Jahrhundert aktiv genutzte Grablege der Orbelian-Dynastie. Norawank war Sitz der Bischöfe von Siounie. Die Klosteranlage besteht heute aus der, Johannes dem Täufer geweihten Hauptkirche, mit der ihr angebauten, vorgelagerten Eingangshalle. An die Hauptkirche angebaut ist die Gregorkirche. Innerhalb der Umfassungsmauern aus dem 17. und 18. Jahrhundert befinden sich auch die Kirche der Mutter Gottes *Surp Astvatstin* sowie die Ruine der zerstörten ersten Täuferkirche. Nach den Zerstörungen durch Erdbeben der Jahre 1841 und 1931 wurde Norawank im 20. Jahrhundert zweimal erheblich renoviert (1948–1949 und 1982–1999).

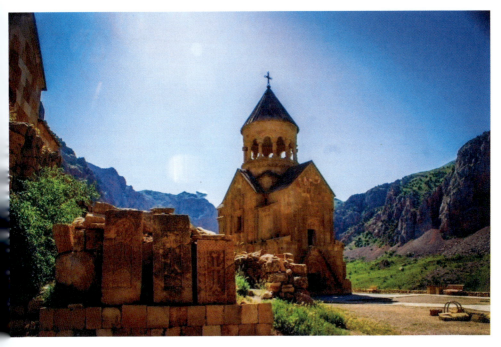

Die 1339 vollendete Mausoleumskirche in der Mitte der Klosteranlage.

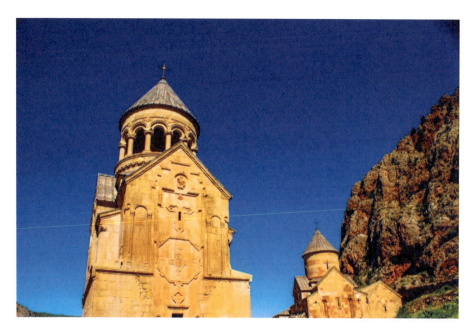

Dahinter (im Bild rechts und unten) befindet sich die Täuferkirche, das älteste Bauwerk stammt aus 1225. Der Bau hat schöne Verzierungen von der Decke und enthält viele Grab- und Kreuzsteine.

Die Mausoleumskirche besitzt den Drei-Ebenen-Aufbau, welcher in dieser Form typisch für das 14. Jahrhundert war. Auf die erste Ebene führen sechs Stufen in das Mausoleum hinab. Zur zweiten Ebene mit ihrem kreuzförmigen Grundriss gelangt man über zwei schmale Außentreppen. Die dritte Ebene wird durch eine 12-säuligen Rotunde gebildet, die von einer Kuppel gekrönt ist; diese wurde 1840 zerstört und 1997 wieder aufgebaut.

Allgemeines über Armenien

Einkaufen im Land und die Preisverhältnisse: Armenien ist nicht als Urlaubs oder Einkaufsparadies bekannt, und das wird sich auch in nächster Zeit kaum ändern. Zuerst muss gesagt werden, dass sich, wie bei vielem anderen, auch hier die Unterschiede von Warenangebot und Qualität zwischen der Hauptstadt einerseits, und den ländlichen Regionen andererseits, oft deutlich widerspiegeln. Während man sich in Jerewan nicht nur durch den Flair der Innenstadt und die großzügige Architektur gelegentlich in eine europäische Metropole mit ihrer Freizügigkeit versetzt fühlt, so ist es auch die Ähnlichkeit an Auswahl und Güte der Waren des Westens, egal ob Lebensmittel oder Gebrauchsgüter, die dieses Gefühl vermitteln. Jedenfalls in größeren Geschäften oder Einkaufszentren der Hauptstadt. In mittleren Städten ist noch ein Teil davon, wenn auch etwas dürftiger, zu erkennen. Am Land jedoch holt einen nicht nur die Tristesse schäbiger Plattenbausiedlungen, die desolate Infrastruktur oder das Fehlen jeglicher Freizeitangebote schnell ein sondern vor allem auch das mehr als dürftige Warenangebot, in nur wenigen, kleinen Geschäften, welche an das Europa der Sechzigerjahre oder frühe Einkaufsfahrten in das kommunistische Ungarn oder Polen erinnern. Positiv ist das Angebot an regionalen Lebensmitteln aus der heute meist kleinstrukturierten Landwirtschaft und die daraus resultierende Umwelt und Tierfreundlichkeit im Anbau und in der freien Tierhaltung. In den Dörfern begegnen einem allerlei Nutztiere auf den offenen Straßen und im Gelände. Preiswert und gut kauft man auf Bauernmärkten oder an einem der zahlreichen Straßenstände, an denen Rentner oder Hausfrauen ihre Produkte aus dem eigenen Garten anbieten. Durch eine permanente Devisenknappheit einerseits, resultierend aus mangelnder Exportkapazität (es werden heute im Land nur wenige qualitativ derart hochwertige Produkte erzeugt, welche am freien Markt westlicher Länder handelbar wären,) ergibt oft sich eine dadurch fast monopolistische Dominanz entweder russischer Produkte, oder Waren aus sowjetischen Nachfolgestaaten (GUS usw.). Diese aber sind von nicht gerade herausragender Qualität und das Warenangebot ist vor allem außerhalb der Hauptstadt noch dazu oft dürftig und farblos. Je kleiner die Städte und Dörfer, desto geringer ist auch die Auswahl.

Überraschend sind auf den ersten Blick die, für das durchschnittlich armenische Einkommensniveau von 250,- Euro für Angestellte oder lediglich 70,- für Pensionistin, sehr hohen Preise fast aller Produkte. Vor allem auch der Lebensmittel. Das Preisniveau liegt etwa 25 – 40% unter jenem das wir in Deutschland oder Österreich gewohnt sind. Man muss schließlich bedenken, dass unsere Durchschnittsgehälter ungefähr das Fünf bis Zehnfache der armenischen betragen!

Wie in den meisten Nachfolgestaaten der ehemaligen Sowjetunion verdienen sich daher viele Hausfrauen oder Rentner ein kleines Zubrot, indem sie Obst, Gemüse, Eier oder Blumen aus dem eigenen Vorgarten entlang der Gehsteige, außerhalb von regulierten Bauernmärkten zum Verkauf anbieten. Außerhalb der Hauptstadt wird man auch kaum auf zeitgemäße Boutiquen oder Soppingmalls stoßen, und die angebotenen Kleidungsstücke und Accessoires verlocken die westlichen Besucherin oder den Besucher kaum seine Devisen im Land zu lassen.

Geschichte des Landes

555 wurde das Land erstmals zwischen den Persern und dem osmanischen Reich geteilt und ein zweites Mal 1639, als die Safwiden (ein persischer Stamm) ungefähr das heutige Staatsgebiet erhielten und die Türken den größeren westlichen Teil. Im Russisch-Persischen Krieg verloren die Perser 1828 die Provinz Armenien an Russland. Am 24. April 1915 veranlasste der osmanische Innenminister Talat Bey, der nationalistischen Bewegung der Jungtürken angehörig, die Verhaftung und Deportation armenischer Intellektueller Istanbul. Dieser Tag gilt als Beginn des Völkermordes an den Armeniern. Während des Ersten Weltkrieges wurden, vergleichbar mit der Shoa, fast alle Armenier im Osmanischen Reich systematisch vernichtet oder in den sicheren Tod getrieben. 1922 wurde die heutige Grenze zwischen der Türkei und der damals russischen Einflusssphäre festgelegt.

Vom Ende des Ersten Weltkrieges bis 1920 existierte dann die erste unabhängige Demokratische Republik Armenien. Der Vertrag dazu trat aber nie in Kraft, da ihn nicht alle Vertragsstaaten ratifizierten. Infolge des griechisch türkischen Krieges von 1919-1922 wurde der Vertrag von Sèvres zugunsten der Türkei geändert.

Nachdem die Türkei und Sowjetrussland die heutige Grenze zwischen der Türkei und Georgien und Armenien festgelegt hatten, stimmten die *nur formal* noch unabhängigen transkaukasischen Sowjetrepubliken dieser Regelung 1921 zu. Am 13. Dezember 1922 wurde aus *Armenien, Georgien und Aserbaidschan* formal die *Transkaukasische SFSR* gebildet, um am 30. Dezember 1922 dann endgültig Teil der neu gegründeten Sowjetunion zu werden. Nach der Auflösung der mehr oder weniger nur auf dem Papier existierenden *transkaukasischen Sowjetrepublik* 1936 blieb die armenische sozialistische Sowjetrepublik (Armenische SSR) als *formal* eigenständige Unionsrepublik Teil der Sowjetunion.

In der Sowjetzeit wurden, planwirtschaftlich gesteuert, große Industriekonglomerate auf dem Gebiet der armenischen SSR errichtet. Vor allem in jener Zeit, als der (Georgier) Stalin die Sowjetunion von einem landwirtschaftlich geprägten Reich, zu einer industriellen Macht umzuformen begann. Sie entwickelte sich auch zu einem wichtigen Standort der chemischen Industrie, der Schuherzeugung und vieler elektronischer Bestandteile für die sowjetische Raumfahrt und sogar Roboter wurden hier entwickelt. In der Sowjetunion war Armenien auch wegen des warmen Klimas im Sommer ein beliebtes Reiseziel.

Am Beginn des Zerfalls der Sowjetunion waren es neben den baltischen Staaten, vor allem die Armenier und Georgier, die starke separatistische Tendenzen innerhalb des Sowjetreiches zeigten. Am 21. September 1991 erklärte sich Armenien von der Sowjetunion für unabhängig. In dieser Zeit flammte auch der bis heute anhaltende Konflikt um Bergkarbach, ein mehrheitlich armenisch besiedeltes Gebiet innerhalb Aserbaidschans sowie jener mit seinen während der Sowjetzeit unterdrückten Spannungen mit der Türkei, wieder auf. Am 6. Oktober 1991 wurde *Lewon Petrosjan* zum ersten Präsidenten der armenischen Republik gewählt. Am 22. September 1996 wurde er wiedergewählt. Seine Popularität sank jedoch bald. Im Februar 1998 wurde er zum Rücktritt gezwungen, weil er im Krieg um Bergkarabach Zugeständnisse an Aserbaidschan zur Lösung des Konflikts machte. *Robert Kotscharjan* gewann 1998 die vorgezogenen Präsidentschaftswahlen. Bei der Präsidentenwahl 2008 kam es zu Ausschreitungen, die laut offiziellen Angaben acht Todesopfer und zahlreiche Verletzte forderten und für die bis heute niemand zur Verantwortung gezogen wurde. Seit damals sitzt *Sersch Sargsjan* fest im Präsidentensattel und arbeitete an einer

Umgestaltung des Landes von einer präsidialen zu einer Parlamentsdemokratie, da er für eine dritte Amtszeit nicht kandidieren kann und infolge weiter als Premierminister (nach Putins Vorbild) herrschen möchte. Es werden immer wieder Vorwürfe nach „Stimmenkauf", Zensur und Verletzung der Menschenrechte laut. Die Opposition wird unterdrückt oder ist in Haft.

Konfliktfall Bergkarabach (Nagornokarabach) :

Die *„Republik Bergkarabach"* ist ein stabilisierter *de facto Staat* in der Region Bergkarabach, der aber von der internationalen Gemeinschaft nicht anerkannt wird. Auch Armenien erkennt die Republik Bergkarabach offiziell nicht an; die Gesetzentwürfe zur Anerkennung der Unabhängigkeit wurden im armenischen Parlament von der Regierungspartei bisher mit Hinweis auf laufende Verhandlungen blockiert. International gilt dass von Armeniern bewohnte Gebiet noch als Bestandteil Aserbaidschans. Die Unabhängigkeitserklärung der Republik Bergkarabach erfolgte am 2. September 1991. 99 % der Einwohner sind heute Armenier. Die einzige Landverbindung zur Außenwelt ist der so genannte *Latschin*-Korridor an welchem Bergkarabach an einem schmalen Schnittpunkt direkt an Armenien grenzt.

Leben im Alltag Armeniens

Die durchschnittliche Arbeitslosigkeit liegt bei etwa 17%. Die Jugendarbeitslosigkeit beträgt in einigen Regionen sogar über 40 %! Das liegt daran, dass die Menschen es sich auf Grund der geringen Pensionen und dem fast gänzlichen Fehlens eines Sozialsystems nach westlichem Muster überhaupt, es sich nicht leisten können einen Arbeitsplatz aufgeben. Sie arbeiten solange es ihre Gesundheit zulässt. Das verhindert natürlich, dass für die junge, teilweise sehr gut ausgebildete Generation Jobs frei werden.

Der Haupt-Leidensdruck in der Bevölkerung spiegelt sich noch dazu in den generell niedrigen Einkommen wieder. Mit einem durchschnittlichen Einkommen zwischen 150 und 300 Euro pro Monat kann die Zeit bis zum Monatsende sehr lang werden. Rentner müssen mit lediglich 60 – 100 Euro das Auslangen finden. Ein Ding der Unmöglichkeit.
Entsprechend dessen sind viele Bürger des Landes natürlich politisch abgestumpft und suchen Wege das Land zu verlassen als auf Änderungen im eigenen Land zu hoffen. Viele sind ganz damit beschäftigt die nötigen Dinge des Alltags zu besorgen und zu organisieren und haben für anderes einfach keinen Sinn.
Man war es als Bürger der Sowjetrepublik gewohnt, dass der Staat und vor allem die Zentrale in Moskau alles richtet und man selbst auf eingelaufenen, herkömmlichen Spuren den Alltag durchläuft ohne sich groß über das wie oder warum Gedanken zu machen. Viele ältere Armenier empfinden daher die Last des heutigen, kapitalistischen Alltagslebens als schwer, aber unabänderlich und beinahe gottgegeben Phlegmatisch. Die meisten von ihnen hatten in ihrem Leben schon vieles durchzustehen und kaum etwas mag sie noch erschüttern. Bei jungen Menschen ist diese Charaktereigenschaft jedoch bereits weniger manifest. Durch Internet, soziale Medien wie Skype, Facebook oder Whatsapp usw. sind sie internationaler und aufgeschlossener. Viele von ihnen wollen nichts anderes als das Land verlassen und hoffen darauf, woanders ihr Glück zu finden. Es ist für einen Staat natürlich immer negativ, wenn gerade die jungen, gut ausgebildeten, aber kritischen Menschen das Land verlassen. Gerade diese sind für eine prosperierende moderne Wirtschaft, ein vielfältiges Kulturleben und einen nachhaltigen Aufschwung eines Landes unverzichtbar.
Ein gutes Beispiel für den schweren Übergang von Plan- zu Marktwirtschaft ist der Wohnungsmarkt. In den letzten Jahrzehnten wurden zahlreiche Wohnungen innerhalb der Siedlungsbauten an

die jeweiligen Mieter verkauft, wie das zur gleichen Zeit auch im Westen üblich war. Besucht man eines dieser Plattenbauobjekte, welche sich an der Außenfassade in noch mehr oder weniger gutem Zustand befinden mag, je nachdem in welchem Viertel der Stadt das Gebäude steht, betritt man dieses durch ein obligates, rostiges und verbogenes Metalltor. Nachdem man einen Sicherheitscodes in einen schmutzigen und altertümlichen elektrischen Kasten neben dem Hauseingang eingetippt hat wird man fast immer auf ein völlig verwahrlostes Stiegenhaus mit aufgebrochene Briefkästen und beschmierten Wänden neben desolaten Stromkästen, und sonst nichts als einer nackten, von der Decke baumelnden Glühbirne stoßen. Bei viel Glück - ansonsten herrscht Finsternis. Betritt man dann jedoch eine der Wohnungen ist man vom gepflegtem Zustand, der adretten Einrichtung und dem ganzen verblüffenden Kontrast völlig überrasch! Während die Mieter in ihren eigenen vier Wänden Ideen, Stil und persönlichem Geschmack freien Lauf lassen können, fühlt sich, für die nicht miterworbenen Stiegenhäuser niemand zuständig, und sie sehen aus wie sie in einem solchen System eben aussehen müssen. Gleichzeitig werden vor allem im Zentrum der Hauptstadt ganze historische Viertel niedergerissen um Spekulanten freien Lauf zu lassen. Die Grundstückspreise entbehren heute jeglicher Vernunft und viele der in den letzten Jahren errichteten ultramodernen Wohnblocks stehen zu einem Großteil leer, da sich die Wohnungspreise in Höhen bewegen, die sich selbst akademisch gebildete Armenier ohne Beziehungen zu Politik oder zur Mafia niemals leisten können.

Die betrogene Generation

Siebzigjährige Taxifahrer in gut fünfzigjährigen Taxis sind in Armenien und in vielen anderen Staaten der ehemaligen Sowjetunion keine Seltenheit. Ihre Generation zählt zu den großen Verlierern des ehemaligen kommunistischen Weltreiches. Nicht nur, dass sie dazu erzogen wurden, alles für den Aufbau einer starken, ruhmreichen sozialistischen Gemeinschaft zu geben. Sozialistisch und brüderlich zu handeln, werktätig zu sein und notfalls für dieses Ideal zu sterben, haben sie nicht nur ihre gesamte Jugendzeit sondern auch ihr ganzes Erwerbsleben, nicht selten weit weg von daheim, in irgend einer anderen sowjetischen Teilrepublik verbracht. Immer mit dem Wissen und Versprechen im Kopf, einen gesicherten Arbeitsplatz für das ganze Leben, einen vom Staat zur Verfügung gestellten Wohnraum sowie später einmal, wenn sie ihre Leistung für das Gemeinwohl erbracht hatten, eine entsprechende und ausreichende Pensionen und Anerkennung zu genießen. Mit dem Ende dem Zerfall der Sowjetunion musste eine ganze Generation plötzlich erkennen, dass sie nicht nur um ihre Altersvorsorge sondern ihr ganzes Lebenswerk betrogen worden waren! Von einem Tag auf den anderen existierte ihr Arbeitgeber und Erhalter, die UdSSR nicht mehr. Der ganze Kommunismus und alles für das sie geschuftet und was sie aufgebaut hatten, waren plötzlich verpönt und wertlos. Sämtliche Ansprüche die in dieser Zeit verdient und erarbeitet worden waren, waren mit einem Mal verfallen. Niemand fühlte sich für Sie zuständig. Das Sowjetreich, in welches sie ihr Leben lang ihre Beiträge eingezahlt hatten, gab es nicht mehr, die nun unabhängigen und selbstständigen ehemaligen Teilrepubliken, wie eben Armenien konnten und wollten die Ansprüche dieser Menschen aus einer anderen geschichtlichen Epoche nicht erfüllen.

Taxifahrer über 70 sind die Regel in Armenien, nicht die Ausnahme.

Gnadenhalber sozusagen gewährte man ihnen ein Ausgedinge, großteils nicht mehr als 70,- Euro im Monat. Ein Betrag, der für die meisten gerade einmal für zehn Tage zum Leben reicht, wenn man bedenkt dass die durchschnittlichen Lebenskosten kaum mehr als 25% unter denen Westeuropas liegen. So darf es einen nicht verwundern, dass vor allem die alten Männer aus dieser Generation, früher Fabrikarbeiter, Soldaten der Roten Armee oder bäuerliche Arbeitskräfte auf den Feldern der sowjetischen Kolchosen nun keinen anderen Weg sehen, als mit ihren, selbst in die Jahre gekommenen Fahrzeugen ihren Lebensabend, solange es die Gesundheit zulässt als Taxifahrer oder andere Hilfskraft zu verbringen, um einigermaßen überleben zu können.

Coffe on car.
Für westliche Besucher erstaunlich, gut jedes fünfte Auto auf Armeniens Straßen ist in ähnlichem Zustand. Jedes dritte hat eine zersprungene Windschutzscheibe. Vorhandene Stoßstangen sind Luxus.

Patrik Ehnsperg beschäftigt sich zeitlebens mit Politik und ist immer auch selbst politisch tätig. Mehr oder weniger regelmäßig publiziert er über die Jahre auch regionale politische Zeitschriften.

Seit frühester Jugendzeit ist Patrik Ehnsperg aber auch ein Reisender, Fotograf und vor allem Dokumentierender. Zuerst mit Reisen durch Europa, schließlich folgen Südostasien, Indien und mehrere Reisen nach China, dessen Geschichte und Menschen für ihn stets faszinierend und geheimnisvoll sind, und letztendlich gingen und gehen die Reisen in die Nachfolgestaaten der ehemaligen UDSSR.
Immer aber außerhalb der Touristenpfade und möglichst zu Zielen, welche vom großen Ansturm der Massentouristen noch verschont sind.
2011 folgten einige Vorträge über Chinas Politik und Entwicklung der letzen 100 Jahre.

Wo immer es möglich ist, finden die Reisen mit öffentlichen Verkehrsmitteln statt, möglichst mit der Eisenbahn, ansonsten mit Linienbussen oder mit Sammeltaxis. wo anderes nicht vorhanden ist.
Flüge sind zum Erreichen sehr entfernter Länder in der heutigen Zeit natürlich Standard, im Zielland selbst aber nur in seltenen Ausnahmefällen eingeplant.
Ehnsperg lebt heute mit seiner Frau Olga Filipovich, welche ihn in den letzten Jahren auch als Assistentin und Übersetzerin für slawische Sprachen begleitete, die meiste Zeit über in seinem selbst geplanten und errichteten Wohnhaus in der Oststeiermark in Österreich. Kontaktmöglichkeiten finden sich im Net oder auf Facebook.

Printed in Poland
by Amazon Fulfillment
Poland Sp. z o.o., Wrocław